BEI GRIN MACHT SICH IHR WISSEN BEZAHLT

AF155515

- Wir veröffentlichen Ihre Hausarbeit, Bachelor- und Masterarbeit

- Ihr eigenes eBook und Buch - weltweit in allen wichtigen Shops

- Verdienen Sie an jedem Verkauf

Jetzt bei www.GRIN.com hochladen und kostenlos publizieren

Ernst Probst

Louis XV. – Der Vielgeliebte

GRIN Verlag

Bibliografische Information der Deutschen Nationalbibliothek:

Die Deutsche Bibliothek verzeichnet diese Publikation in der Deutschen National-
bibliografie; detaillierte bibliografische Daten sind im Internet über http://dnb.d-
nb.de/ abrufbar.

Impressum:

Copyright © 2014 GRIN Verlag GmbH
Druck und Bindung: Books on Demand GmbH, Norderstedt Germany
ISBN: 978-3-656-70763-9

Dieses Buch bei GRIN:

http://www.grin.com/de/e-book/277619/louis-xv-der-vielgeliebte

GRIN - Your knowledge has value

Der GRIN Verlag publiziert seit 1998 wissenschaftliche Arbeiten von Studenten, Hochschullehrern und anderen Akademikern als eBook und gedrucktes Buch. Die Verlagswebsite www.grin.com ist die ideale Plattform zur Veröffentlichung von Hausarbeiten, Abschlussarbeiten, wissenschaftlichen Aufsätzen, Dissertationen und Fachbüchern.

Besuchen Sie uns im Internet:

http://www.grin.com/

http://www.facebook.com/grincom

http://www.twitter.com/grin_com

Louis XV.,
König von Frankreich und Navarra (1710–1774).
Porträt des französischen Malers
Louis-Michel van Loo (1707–1771)
aus dem 18. Jahrhundert

Junge Mätresse von Louis XV.:
Marie-Louise O'Murphy de Boisfally (1737–1814).
Gemälde „Ruhendes Mädchen"
des französischen Malers
François Boucher (1703–1770) von 1751.
Original im „Wallraf-Richartz-Museum –
Foundation Corboud" (Köln)

Ernst Probst

Louis XV.

Der Vielgeliebte

Der Vater von Louis XV.:
Louis von Frankreich, Herzog von Burgund (1682–1712).
Porträt des französischen Malers
Joseph Vivien (1657–1734) von 1700

König Louis XV.

Der Vielgeliebte

Von Historikern wird Louis XV. (1710–1774), König von Frankreich und Navarra, oft negativ beurteilt. Man macht ihn vielfach für Missstände verantwortlich, die unter seinem Nachfolger Louis XVI. (1754–1793) zur Französischen Revolution (1789–1799) führten. Die Nachwelt kennt den führungsschwachen Louis XV. vor allem wegen seines ausschweifenden Lebenswandels und wegen seiner Beziehungen zur Marquise de Pompadour und zur Madame Dubarry, die als Inbegriff der Mätresse gelten. Kurioserweise bezeichnete das französische Volk diesen vielleicht missverstandenen Herrscher zunächst als „der Vielgeliebte" („le Bien-Aimé") und später als „der Ungeliebte" („le Mail-Aimé").

Louis XV. kam am 15. Februar 1710 als dritter Sohn von Louis von Frankreich, Herzog von Burgund (1682–1712), und dessen Ehefrau Maria Adélaïde, Prinzessin von Savoyen (1685–1712), zur Welt. Seine Eltern hatten am 7. Dezember 1697 geheiratet. Seine beiden jüngeren Brüder hießen ebenfalls Louis. Der älteste Bruder Louis, Herzog der Bretagne, wurde 1704 geboren und starb 1705. Der zweitälteste Bruder Louis, Herzog der Bretagne, kam 1707 zur Welt.

Mutter von Louis XV.:
Maria Adélaïde, Prinzessin von Savoyen (1685–1712).
Porträt des französischen Malers
Jean-Baptiste Santerre (1650–1717) von 1709

Urgroßvater von Louis XV.:
„Sonnenkönig" Louis XIV. (1638–1715).
Porträt des französischen Malers
Charles Le Brun (1619–1690) von 1661

Großvater von Louis XV.:
Grand-Dauphin Louis (1661–1711) von Frankreich.
Porträt eines
unbekannten Malers

Erzieher von Louis von Frankreich, Herzog von Burgund:
Theologe François Fénelon (1651–1715).
Porträt des französischen Malers
Joseph Vivien (1657–1734) aus dem 18. Jahrhundert

Gouvernante von Louis XV.:
Charlotte-Éléonore Madeleine de la Mothe-Houdan-Court,
Herzogin von Ventadour (1653–1744).
Porträt des französischen Malers
Pierre Mignard (1612–1695) von 1720

Urgroßvater von Louis XV. war der „Sonnenkönig" Louis XIV. (1638–1715) von Frankreich. Sein Großvater war der Grand-Dauphin Louis (1661–1711) von Frankreich. Als sein Großvater Louis 1711 starb, wurde sein Vater Louis von Frankreich, Herzog von Burgund, neuer Thronfolger. Letzterer war als Kind halsstarrig und jähzornig gewesen, hatte sich aber dank der Erziehung durch den katholischen Theologen François Fénelon (1651–1715) total gewandelt. Bald galt er als äußerst intelligent und politisch begabt und gab zu großen Hoffnungen Anlass.

1712 traf die Familie von Louis XV. ein harter Schicksalsschlag. Damals erkrankten seine Mutter, sein Vater und sein fünf Jahre alter Bruder Louis, Herzog von Bretagne, an Masern oder Scharlach und starben. Lediglich der zweijährige Louis, Herzog von Anjou, der spätere Louis XV., überlebte die Krankheit und stieg durch den Tod seines Vaters und seines älteren Bruders zum Kronprinzen (Dauphin) auf. Nach 1349 wurde der jeweils älteste lebende Sohn bzw. Kronprinz oder Thronfolger des französischen Königshauses als Dauphin bezeichnet.

Der zwei Jahre alte Louis, Herzog von Anjou, verdankte seiner Gouvernante Charlotte-Éléonore Madeleine de la Mothe-Houdan-Court, Herzogin von Ventadour (1653–1744), sein Leben. Diese hatte einen Argwohn gegen Ärzte und hielt Aderlässe bei Kindern für unvernünftig. Als Ärzte am Krankenbett des

Louis XV. als kleiner Kronprinz (Dauphin).
Kleinkinder wurden damals wie Mädchen gekleidet.
Porträt eines unbekannten Malers
aus dem 18. Jahrhundert

fünfjährigen Louis, Herzog von Bretagne, über Behandlungsmethoden diskutierten, die ihr bedenklich erschienen, verschwand sie mit dessen jüngerem Bruder. Danach ließ sie ihn mit einer Mischung aus Ammenmilch, Wein und Biskuit ernähren. Der Zweijährige überlebte, während sein fünfjähriger Bruder die Krankheit und die rabiaten Behandlungsmethoden nicht überstand. In der Folgezeit wuchs der Kleine ohne jeden Kontakt zu Kindern auf.

Die bereits 1710 zur Gouvernante berufene Charlotte-Éléonore Madeleine de la Mothe-Houdan-Court, Herzogin von Ventadour, bildete für Louis XV. die wichtigste Bezugsperson in seiner Kindheit und eine Art von Ersatzmutter. Einer Empfehlung ihrer Freundin Françoise d'Aubigné, Marquise von Maintenon (1635–1723), folgend ließ die Herzogin von Ventadour dem jungen Louis einen liberalen Erziehungsstil zukommen. Der Junge lernte früh Schreiben und befasste sich gerne mit Geographie. Anfang 1715 ließ der Urgroßvater Louis XIV. den inzwischen Fünfjährigen an zeremoniellen Veranstaltungen des Hofes teilnehmen.

Am 1. September 1715 starb der Urgroßvater König Louis XIV. in Versailles. Von Rechts wegen fiel die Regentschaft für den minderjährigen König Louis XV. dessen Onkel, Philippe II. de Bourbon, Herzog von Orléans (1763–1743), zu. In seinem Testament hatte Louis XIV. die Funktion des Regenten aber zugunsten eines Regentschaftsrates eingeschränkt. Dagegen

Onkel von Louis XV.: Philippe II. de Bourbon,
Herzog von Orléans (1763–1743). Porträt aus dem Studio
von Jean-Baptiste Santerre (1658–1717)

forderte der Herzog von Orléans die uneingeschränkte Regentschaft für sich. Tatsächlich wurde ihm am 2. September 1715 die uneingeschränkte Regentschaft zugesprochen, weil er als Einziger die Personen des Regentschaftsrates auswählen durfte. Als Gegenleistung hob er die Einschränkungen des Remonstrationsrechts des Parlaments auf, die 1667 und 1673 durch Louis XIV. erfolgt waren. Bei einer Remonstration handelt es sich um eine Gegenvorstellung oder eine Einwendung, die ein Beamter gegen eine Weisung erhebt, die er von seinem Vorgesetzten erhalten hat.

Der kleine König wurde vom Herzog von Orléans über den Tod seines Großvaters Louis XIV. informiert. Gemäß Zeremoniell stand der Fünfjährige dabei in einer prächtig bestickten Samtgarderobe allein in dem weiten Raum. Obwohl er so jung war, wusste er, was das Erscheinen des Herzogs, den er kaum kannte, und all der Anderen bedeutete. Er war nun König von Frankreich und Navarra und brach in Tränen aus. Alle Anwesenden starrten ihn an und er fühlte sich verloren. Auch in seiner Residenz Vincennes lebte der fünfjährige Louis XV. allein unter Erwachsenen. Oft musste er nach Paris fahren und auf hohen Polstern sitzend langweiligen Reden lauschen. Von vielen fremden Herren und Damen sollte er sich deren Namen merken und sie später wieder erkennen, was ihm als Erwachsener noch schwer fiel. Wenn er nach Vincennes zurückkam, war er schon dunkel und er musste gleich ins Bett.

„Der König ist tot, lang lebe der König!"
Der fünf Jahre alte Louis
empfängt nach dem Tod seines Urgroßvaters Louis XIV.
die Huldigungen nach seiner Proklamation als König.

Der Herzog von Orléans übte von 1715 bis 1723 die Regentschaft aus. Durch das Amt des Regenten wurde er als „le Regent" bekannt. Die Zeit seiner liberalen Herrschaft wird in der Geschichte von Frankreich als „Régence" bezeichnet. Seine Mutter war die unkonventionelle Elisabeth Charlotte von der Pfalz (1652–1722), genannt Liselotte von der Pfalz, die zweite Ehefrau von Philippe I. de Bourbon, Herzog von Anjou, 2. Herzog von Orléans (1640–1701) und Bruder des „Sonnenkönigs" Louis XIV.

Ab Dezember 1715 residierte der kleine König Louis XV. in den Tuilerien in Paris. Im Juni 1722 verlegte man die Residenz nach Versailles. Auch dort durfte er nicht hinauslaufen und mit Kindern seines Alters spielen. „Maman" Ventadour erklärte ihm, das sei zu gefährlich für ihn und er dürfe sich nicht verletzen. Kinder dürften auch nicht zu ihm hereinkommen, weil sie krank sein und ihn anstecken könnten. Vor allem lernte er, er müsse stets Gott dienen, dürfte nie vergessen, dass er König sei und müsse sich entsprechend benehmen, Geheimnisse wahren und nie wahre Gefühle zeigen.

Ein neuer Abschnitt im Leben des kleinen Königs Louis XV. begann an seinem siebten Geburtstag im Februar 1717. Das Ganze kündigte sich mit einer seltsamen Zurschaustellung an. Der Siebenjährige musste völlig nackt auf einem Tisch sitzen, während sein Körper von Ärzten untersucht wurde und Höflinge an ihm vorbeidefilierten. Alle, die ihn so sahen, mussten im

Philippe I. de Bourbon, Herzog von Anjou,
2. Herzog von Orléans (1640–1701),
Ehemann von Liselotte von der Pfalz (1652–17229.
Porträt eines unbekannten Malers

Protokoll die körperliche Unversehrtheit des Königs mit ihrer Unterschrift bestätigen. Danach musste Louis XV. von „Maman" Ventadour seinen Abschied nehmen. Er weinte, klammerte sich an ihr fest und man musste ihn mit Gewalt von ihr losreissen. Abends aß er erst, nachdem man „Mamam" geholt hatte. Am Tag darauf durfte er Madame de Ventadour zum Dank für ihre liebevolle Betreuung eine Schmuckschatulle schenken. Gemäß des Testaments von Louis XIV. kam Louis XV. in die Obhut von François de Neufville, Herzog von Villeroy (1644–1730), der als Hofmeister (Gouverneur) wirkte. Als Hauslehrer (Präzeptor) des Königs fungierte der frühere Bischof von Fréjus, André-Hercule de Fleury (1653–1743). Der fromme Fleury unterrichtete den verletzlichen und misstrauischen Louis XV. mit geduldiger Sanftmut. Dies tat er so erfolgreich, dass sein königlicher Schüler bald erfreuliche Fortschritte machte. Ungeachtet dessen hatte Louis XV. weiterhin Kontakt zur Herzogin von Ventadour.

Auf dem Stundenplan des kleinen Königs standen täglich Unterricht im Schreiben, Latein und Geschichte. Dreimal pro Woche gab es Übungen in Zeichnen, Mathematik, Tanz, Astronomie und Naturwissenschaften. Außerdem lernte Louis XV. sein zu Zornausbrüchen neigendes Temperament zu zügeln sowie Fehler zu vermeiden. Als Schüler war er fleißig und vielseitig interessiert und zeigte gute Leistungen. Weil man ihn nie gelobt hat, wurde er aber nicht selbstbewusst.

Elisabeth Charlotte von der Pfalz (1652–1722),
genannt Liselotte von der Pfalz.
Porträt des französischen Malers
Hyacinthe Rigaud (1659–1743) um 1713

Hauslehrer von Louis XV.:
André-Hercule de Fleury (1653–1743).
Porträt der französischen Malerin
Élisabeth Vigée-Lebrun (1755–1842)

Louis XV. im Alter von fünf Jahren.
Porträt des französischen Malers
Hyacinthe Rigaud (1659–1743) von 1715

Nachteilig für seine Entwicklung wirkte sich aus, dass Fleury die Sexualität rigoros verdammte. Sie sollte nur zur Erhaltung der Dynastie, nur in der Ehe und möglichst lustfrei erfolgen.

Um das Zeremoniell perfekt zu beherrschen, musste Louis XV. auch Balletttanz lernen. Obwohl er dies ganz ordentlich tat, hatte er daran keine Freude. Vergnügen bereiteten ihm dagegen das Reiten und vor allem die Jagd.

Der über 70 Jahre alte Herzog von Villeroy führte den jungen König vor allem in die zeremoniellen Angelegenheiten ein. Vom Charakter und von seiner Bildung her war dieser Mann für den Umgang und für die Erziehung eines Kindes denkbar ungeeignet. Innerhalb weniger Wochen machte er aus dem bis dahin aufgeweckten, freundlichen und lebhaften Louis XV. ein verstörtes, introvertiertes und völlig verschüchtertes Wesen. Ständig wurde ihm eingetrichtert, er sei der absolute Herrscher über alle ihn umgebenden Menschen. Statt normal zu gehen, musste er schwebend schreiten. Beim Anziehen reichten Dutzende von erwachsenen Männern dem Jungen umständlich jedes einzelne Teil seiner Kleidung. Schon ab Sommer 1717 wurde er bei Festen oder Staatsakten regelrecht vorgeführt. Allmählich steigerte sich seine angeborene Schüchternheit zu einer Phobie vor Menschenansammlungen.

Louis XV. lernte die lateinische und italienische Sprache und wurde in Religion unterrichtet. Besonderes Interesse

Fassade des Königsschlosses Versailles

Marmorhof des Königsschlosses Versailles

zeigte er für Anatomie, Chirurgie, Astronomie und Geographie. Bischof Fleury entwickelte eine intensive persönliche Beziehung zum König, welcher er seinen späteren politischen Aufstieg verdankte.

Im Alter von elf Jahren setzte bei Louis XV. die Pubertät ein. Sein erster Samenerguss erschreckte ihn sehr. Er befürchtete, krank zu sein und vertraute sich einem Diener an, der ihn zu einem Arzt schickte. Der Mediziner beruhigte ihn, diese vermeintliche Krankheit sei ein Zeichen für Gesundheit. So entstand das geflügelte Wort von der „königlichen Krankheit".

Mitte Juni 1722 kehrte der elfjährige Louis XV. in das Schloss Versailles zurück. Der Umzug erfolgte, weil es dort bessere Möglichkeiten zum Reiten und Jagen gab. Für Louis war es eine Rückkehr in das Reich seiner frühen Kindheit. In Versailles brachte man ihn in den Räumen seines Urgroßvaters unter.

Im Sommer 1772 wurde Louis XV. den lästigen Hofmeister Villeroy los, der keinen Augenblick von seiner Seite wich und weiterhin streng auf die Einhaltung der Etikette achtete. Wegen des allgegenwärtigen Villeroy konnte der Regent Orléans den König kaum jemals unter vier Augen sprechen. Villeroy besiegelte seinen Sturz, als er sich weigerte, den Raum zu verlassen, um dem Herzog von Orléans ein privates Gespräch mit dem König zu ermöglichen. Der Regent behielt die Fassung und verließ den Raum, nachdem ihm Villeroy angeboten hatte, er könne am Nachmittag mit ihm über diesen

Kardinal Guillaume Dubois (1656–1725).
Stich von Pierre Drevet (1664–1738)
und Pierre-Imbert Drevet (1697–1739)
nach einem Gemälde von Hyacinthe Rigaud (1659–1743)

Vorfall sprechen. Wenig später erschien der Hauptmann der Wache und bat den Hofmeister, ihm kurz ins Vorzimmer zu folgen. Dort angekommen, wurde er verhaftet und in einer Kutsche nach Lyon gebracht. Vor der Abfahrt durfte er sich nicht vom König verabschieden.

Am Abend war auch der Erzieher Fleury verschwunden. Er hatte früher erklärt, falls Villeroy abgesetzt würde, werde er sein Amt abgeben. Louis XV. war bestürzt und konnte seine Tränen kaum zurückhalten. Doch man holte Fleury zurück.

Im August 1722 litt der Regent Orléans unter Depressionen. Einem Freund gestand er, sein ganzes derzeitiges Leben, die Rückschläge in der Politik und das ewige intrigante Gezänk des Hofes bereiteten ihm nur noch Überdruss. Sogar an Fressen, Saufen und Sex hatte er nur noch wenig Freude. Am liebsten hätte er sich auf eines seiner Landgüter zurückgezogen. Aus diesem Grund war der Herzog von Orléans bereit, endlich dem Wunsch seines ehemaligen Erziehers Kardinal Guillaume Dubois (1656–1725) nachzugeben und diesen zum Premierminister zu ernennen. Der König mochte Dubois nicht, weil jener ihn nicht respektvoll behandelte.

Der Herzog von Orléans führte den König – seinem kindlichen Alter entsprechend – allmählich in politische Angelegenheiten ein, wobei ihn Kardinal Dubois unterstützte. Am 25. Oktober 1722 salbte und krönte

Hofmeister François de Neufville,
Herzog von Villeroy (1644–1730).
Porträt eines unbekannten Malers

Regent Philippe II. de Bourbon,
Herzog von Orléans (1763–1743), links,
mit dem jungen König Louis XV.
und dessen Hofmeister
François de Neufville,
Herzog von Villeroy (1644–1730),rechts.
Gemälde eines unbekannten Künstlers
um 1718

Heinrich Prinz von Condé,
Herzog von Bourbon (1692–1740).
Porträt eines unbekannten Malers

man Louis XV. in Reims. Entgegen der Tradition hatte das Volk bei dieser Zeremonie keinen Zugang zur Kathedrale. Im Gegensatz zu seinem Vorgänger war Louis XV. unnahbar, schätzte die Privatheit und erfüllte das steife Hofzeremoniell nur ungern. Vor großen Mengen wirkte er eher unsicher..

Am 15. Februar 1723 feierte Louis XV. seinen 13. Geburtstag. Gemäß der damals für Könige geltenden Regelung galt er jetzt als volljährig. Deswegen endete die Zeit der Regentschaft. Das Parlament bestätigte und registrierte die Großjährigkeit von Louis XV. in einer feierlichen Zeremonie. Statt des Regentschaftsrates gab es fortan einen Kronrat, dem außer dem König auch der Herzog von Orléans, dessen Sohn Chartres, Condé, Kardinal Dubois und Fleury angehörten. Kardinal Dubois fungierte weiterhin als Premierminister. Der Herzog von Orléans regierte faktisch für den jungen König.

Ungefähr ein Jahr nach seiner Ernennung zum Premierminister starb Kardinal Dubois im August 1723. Er erlag im Alter von 66 Jahren den Folgen einer Syphilisinfektion. Nach dem Tod des Kardinals bat der Herzog von Orléans den König, zum Premierminister ernannt zu werden. Diesen Posten hatte bis dahin in Frankreich noch nie ein Mitglied der königlichen Familie oder ein Mitglied des Hochadels bekleidet. Der Herzog von Orléans bemühte sich nicht aus Machtwillen um dieses Amt, sondern aus Pflichtgefühl.

Stanislaus Leszczynski (1677–1766),
der Vater von Königin Maria Leszczynska (1703–1768).
Porträt eines unbekannten Malers

Im Alter von 49 Jahren erlitt der Herzog von Orléans am 1. Dezember 1723 in Versailles einen schweren Schlaganfall. Er erlangte nicht mehr das Bewusstsein und starb einige Stunden später.

Kaum hatte Heinrich, Prinz von Condé, Herzog von Bourbon (1692–1740), die traurige Nachricht über den Tod des Herzogs von Orléans gehört, stürmte er im Laufschritt zum Schlafzimmer des 13-jährigen Königs. Dort angekommen, bat er noch ganz atemlos um seine Ernennung zum Premierminister. Louis XV. erfüllte diese Bitte. Sein Onkel Orléans hatte Condé selbst als seinen Nachfolger vorgeschlagen.

Der sehr reiche Condé besaß ein abstoßendes Aussehen und einen schlechten Charakter. Als er noch ein Kind war, hatte ihm der Herzog von Berry bei der Jagd versehentlich ein Auge ausgeschossen. Wegen seiner langen Storchenbeine, seines gebeugten Ganges und seines gedrungenen Körpers erinnerte er an eine Spinne. Biografen schilderten ihn als stolz, widerlich, gierig, intrigant und ehrlos.

Einziger ernsthafter Konkurrent von Condé für das Amt des Premierministers war der Erzieher Fleury gewesen. Zum Dank für sein Stillhalten belohnte ihn Condé mit der Verfügungsgewalt für alle Kirchenämter in Frankreich. Fleury wurde damit nach dem Premierminister Condé der mächtigste Mann im Land.

Condé behielt die Minister von Dubois und Orléans, die er als Empfehlsempfänger behandelte. Die Linien

Maria Leszczynska (1703–1768).
Porträt des französischen Malers
Alexis Simone Belle (1674–1734)
um 1730

der Politik wurden im Geheimen Rat bestimmt. Diesem gehörten nur der König, Premierminister Condé, Fleury und der alte Marschall Villars an. Die Finanzverwaltung wurde von Condé den Brüdern Pâris übertragen, mit denen er befreundet war.

Mit 14 Jahren war Louis XV. körperlich voll entwickelt, hatte aber noch kein Interesse an Frauen. Aus diesem Grund verlegte Condé den Hof für einen Monat nach Chantilly, wo eine freiere Atmosphäre als in Versailles herrschte. Dort hoffte er, dem König eine Geliebte zu verschaffen. Aber dieser Plan scheiterte an der Schüchternheit von Louis XV. und dem Einfluss des frommen Fleury. Damals fiel der König oft in Ohnmacht. Als Ursache vermutete man häufiges Onanieren.

Als der Kronrat für den jungen König von Frankreich und Navarra eine Braut suchte, hatte er die Qual der Wahl. 99 Namen heiratsfähiger Prinzessinnen aus Europa standen auf der Liste, die dem Kronrat vorgelegt wurde. Nach langen Diskussionen entschied man sich für die polnische Prinzessin Maria Leszczynska (1703–1768). Mit 21 Jahren erschien diese zwar eigentlich als zu alt für den 14-jährigen Louis XV., doch gesund und sofort gebärfähig. Am 7. Mai 1725 erhielt ihr Vater Stanislaus Leszczynski (1677–1766) die erfreuliche Nachricht, seine Tochter Marie sei für würdig befunden worden, die Ehefrau des Königs von Frankreich und Navarra zu werden. „Auf die Knie! Danket Gott!" schrie

August II. der Starke,
König von Sachsen und Polen (1670–1733).
Porträt des französischen Malers
Louis de Silvestre (1675–1760)

er, als er mit dem offiziellen Schreiben in das Zimmer seiner Damen stürmte.

Maria Leszczynska hatte eine schwere Jugend hinter sich. Ihr Vater Stanislaus war 1704 nach der Vertreibung von August II. dem Starken, König von Sachsen und Polen (1670–1733), mit Unterstützung von Schweden zum König von Polen gewählt worden. Doch im „Nordischen Krieg" verlor Stanislaus 1709 seinen Thron wieder an August den Starken und seine Güter wurden konfisziert. Danach zog Stanislaus mit Frau und Tochter Marie sowie einigen Getreuen durch Europa. Ab 1717 lebte er in Wissembourg (Weißenburg) im Elsass und bestritt sein Leben mit einer unregelmäßig bezahlten Apanage der französischen Krone.

Wegen fehlender finanzieller Mittel hat Stanislaus seine Tochter Maria weitgehend selbst unterrichtet. Sie konnte singen, musizieren (Klavierspielen) und tanzen. Aber es fehlte ihr noch der letzte Schliff. Ihr Charakter wurde durch ernste Literatur und Religion geprägt. Praktische Nächstenliebe erschien ihr als wichtiges Anliegen, da sie selbst mancherlei Entbehrungen erlitten hatte.

Wie viele andere Frauen ihres hohen Standes war Maria Leszczynska nicht besonders attraktiv. Allerdings hatte sie auch keinen störenden Schönheitsmakel. Das Lob an ihrem Aussehen beschränkte sich auf ihre ausdrucksvollen Augen.

Die geplante Heirat mit der Braut aus Polen stieß am Hof in Versailles nicht nur auf Gegenliebe. Bald kursierten Gerüchte, Maria Leszczynska leide unter Epilepsie oder anderen Krankheiten. Doch ein Ärzteteam, das ins Elsass fuhr, befand, Maria sei kerngesund und ihr Becken scheine gebärfreudig.

Nach einem Essen am 27. Mai 1725 gab der König feierlich seine Verlobung bekannt. Er tat dies mit einem Gleichmut, mit dem er alle öffentlichen Auftritte absolvierte. Fast schien es so, als sei es ihm völlig egal, wen er heirate.

Die polnische Braut sah ihren französischen Bräutigam zunächst nur auf einem aktuellen Bild des Königs, das man ihr zukommen ließ. Was sie erblickte, gefiel ihr sehr. Sofort verliebte sie sich in den jungen und attraktiven Mann.

Auch bei der Heirat am 15. August 1726 im Münster von Strasbourg (Strassburg) sah Maria Leszczynska ihren Bräutigam noch nicht persönlich. Denn es handelte sich um eine Trauung per Stellvertreter (per procurationem). Eine solche Eheschließung wurde formgültig vollzogen, obwohl einer der Brautleute bei der Trauung nicht persönlich anwesend war. Ein Stellvertreter des abwesenden Partners gab dabei per procurationem (per Vollmacht) in dessen Namen und Auftrag das Ja-Wort ab, mit dem die Ehe zwischen dem abwesenden und dem anwesenden Partner als geschlossen galt.

Nach der Heirat in der Kathedrale in Strasbourg stellte Mademoiselle de Clermont der Braut Maria Leszczynska ihren Hofstaat vor. Zahlreiche deutsche Fürsten überbrachten Glückwünsche. Für den Nachmittag hatte sich die fromme polnische Braut eine Vesper zu Ehren der Heiligen Jungfrau Maria gewünscht. Am Abend folgte ein Ball mit Feuerwerk.

Am 17. August 1725 reiste der Brautzug aus Strasbourg ab. Der rollende Konvoi mit vielen Wagen zog sich schätzungsweise eine Meile dahin. Die Fahrt bei Regenwetter war kein Vergnügen. Beim Einzug in Metz im Licht brennender Fackeln hatte der Himmel endlich ein Einsehen und der Regen hörte kurz auf. Es folgte ein zweitägiger Aufenthalt in Metz, während dem das Wetter nicht besser wurde. Danach ging die Fahrt im Regen und auf aufgeweichten Straßen weiter. In Châlons überbrachte der erste Kammerherr Mortemart ein mit Diamanten verziertes Bild des ungeduldig in Fontainebleau auf seine Braut wartenden König.

Der Regen hätte fast auch das erste geplante Treffen des jungen Ehepaares am 4. September 1725 verhindert. Denn kurz vor dem Ziel bei Monterau gab es einen Wolkenbruch, der zur Folge hatte, dass fast alle Kutschen im aufgeweichten Boden stecken blieben. Mit Ersatzkutschen, die querfeldein fuhren, erreichten zumindest die wichtigsten Personen des Brautzuges doch noch rechtzeitig ihr Ziel.

Als Maria Leszczynska aus ihrer Kutsche stieg, versank sie mit einem Fuß in einer völlig aufgeweichten Wiese. Dann schritt sie zu ausgelegten Teppichen, ohne zu stürzen. Vor dem König angekommen, wollte sie vor ihm niederknien, doch er hob sie galant auf, küsste sie

Agnès Berthelot de Pléneuf,
Marquise de Prie (1698–1727),
Geliebte des Premierministers Heinrich, Prinz von Condé,
Herzog von Bourbon (1692–1740).
Gemälde nach einem Porträt des franzöisschen Malers
Jean-Baptiste Van Loo (1684–1745)

begeistert auf beide Wangen und umarmte sie mehrfach herzlich. Anschließend fuhren die Hofdamen Orléans und Condé mit Louis XV. und Maria Leszczynska in der königlichen Kutsche nach Moret. Dort übernachtete die Braut im „Château Rohan", während ihr Bräutigam nach Fontainebleau zurückkehrte.

Am nächsten Morgen traf Maria Leszczynska gegen 9.30 Uhr im Schloss Fontainebleau ein. Nach einer kurzen Begrüßung durch Louis XV. wurde sie von Friseuren und Kammerfrauen stilgerecht als Braut des Königs zurechtgemacht. Allein das Frisieren zog sich bereits drei Stunden dahin. Das Anlegen des Brautkleides aus mit Lilien besticktem violettem Samt im Stehen ging etwas schneller vonstatten. Während der ganzen ermüdenden Prozedur waren Höflinge anwesend.

Als Maria Leszczynska dem König an diesem Tag persönlich ihr Ja-Wort gab, fiel sie kurz in Ohnmacht. Offenbar waren die Anstrengungen für sie doch etwas zu groß gewesen. Beim folgenden Empfang trat sie mit so liebenswürdiger Anmut auf, dass ihre Kritiker verstummten. Ein Theaterstück von Molière und ein Feuerwerk rundeten das Fest ab. In der ersten Nacht soll der Bräutigam seine Braut siebenmal hintereinander beglückt haben.

Im Herbst 1725 verbracht des Königspaar seine Flitterwochen in Fontainebleau und Umgebung. Der 15-jährige König wirkte so heiter wie nie zuvor. Seine

Maria Leszczynska (1703–1768)
mit ihrem Sohn Louis Ferdinand (1729–1765).
Porträt des französischen Malers
Alexis Simone Belle (1674–1734) um 1730

polnischen Schwiegereltern wohnten im Schloss Chambord.

Für Aufregung sorgte die plötzliche Erkrankung der Königin. Man glaubte, sie sei vergiftet und spendete ihr bereits die letzte Ölung. Doch Maria Leszczynska erholte sich wieder. Offenbar hatte sie neun Dutzend Austern gegessen und dazu vier Flaschen Bier getrunken, was ihr nicht gut bekommen war. Im Dezember 1725 kehrte der Hof nach Versailles zurück.

Louis XV. war ein Meister der Verstellung, wenn es darum ging, einen unliebsam gewordenen Untertan in Sicherheit zu wiegen und ihn anschließend zu stürzen. Das bewies er beispielsweise am 11. Juli 1726. Damals scherzte er, Condé solle sich an jenem Tag mit seiner Arbeit als Premierminister beeilen, denn sein König erwarte ihn abends pünktlich zum Essen in Rambouillet. Am Abend wurde Condé von der Leibgarde des Königs verhaftet und erfuhr erstaunt, er sei auf Befehl von Louis XV. seines Amtes als Premierminister enthoben und vom Hof verbannt. Auch Agnès Berthelot de Pléneuf, Marquise de Prie (1698–1727), die Geliebte von Condé und Verwandte der „Maman" Ventadour, musste mit in die Verbannung.

Wenige Tage nach dem Abtreten von Condé verkündete der 16-jährige König, er werde jetzt alle politischen Entscheidungen selbst treffen. In Wirklichkeit führte Fleury als Staatsminister die Regierungsgeschäfte. Bei ihm mussten die Minister morgens um sieben Uhr

Louise Elisabeth (1727–1759),
Tochter von Louis XV. und Maria Leszczynska.
Porträt des französischen Malers
Jean-Marc Nattier (1685–1766) aus dem 18. Jahrhundert

Anne Henriette (1727–1752),
Tochter von Louis XV. und Maria Leszczynska.
Porträt eines unbekannten Malers
aus dem 18. Jahrhundert

Louis Ferdinand (1732–1800),
Sohn von Louis XV. und Maria Leszczynska.
Porträt des französischen Malers Anne Baptiste Nivelon
(aktiv zwischen 1750 und 1764) von 1764

Marie Adélaïde (1732–1800),
Tochter von Louis XV. und Maria Leszczynska.
Porträt des französischen Malers
Jean-Marc Nattier (1685–1766) von 1750

Louis XV., König von Frankreich und Navarra (1710–1774).
Porträt des französischen Malers
François Lemoyne (1688–1737) um 1729

erscheinen. Der König übernahm aber immer mehr politische Verantwortung. Nach zwei oder drei Jahren traf er alle Entscheidungen selbst.

Ende August 1726 wurde Fleury zum Kardinal ernannt. Dem 73-jährigen sah man sein tatsächliches Alter nicht an. Er leistete als Staatsminister bis zu seinem Tod gute Arbeit.

Im Frühling 1727 stand fest, dass die 23-jährige Maria Leszczynska schwanger war. Am 14. August 1727 brachte sie weibliche Zwillinge zur Welt. Diese erhielten die Vornamen Louise Elisabeth und Anna Henriette. Die beiden Mädchen wurden „Madame Premiere" und „Madame Seconde" genannt. Auch die anderen Kinder hat man durchnumeriert.

Aus der Ehe von Louis XV. und Maria Leszczynska gingen insgesamt elf Kinder hervor:

Louise Elisabeth (1727–1759)
Anne Henriette (1727–1752)
Marie Louise (1728–1733)
Louis Ferdinand (1729–1765), Vater von Louis XVI.
Philippe Louis (1730–1733)
Marie Adélaïde (1732–1800)
Victoire Louise Marie Thérèse (1733–1799)
Sophie Philippine Elisabeth Justine (1734–1782)
Thérèse Félicité (1736–1744)
Louise Marie (1737–1787)
Fehlgeburt um 1739

Wegen ihrer vielen Geburten klagte die Königin, ihr Leben sei ein einziger Kreislauf von geschwängert werden, schwanger sein, gebären und wieder alles von vorn. Am Liebesakt soll Maria Leszczynska wenig Freude gehabt haben. Sobald Ärzte bei ihr eine Schwangerschaft feststellten, verboten sie ihr sofort sexuellen Verkehr und Reisen. Weil die Königin große Angst vor Gespenstern hatte, musste nachts eine Zofe ihre Hand halten und ihr erzählen oder vorlesen. Dies galt natürlich nur für jene Nächte, in denen ihr Ehegatte nicht bei ihr war. Aus Furcht vor Kälte und Zugluft schlief sie unter wahren Deckengebirgen. Darunter mühte sich Louis XV. beim Geschlechtsakt schwitzend ab.

Sieben Jahre lang blieb der König seiner Ehefrau treu, dann wollte er wissen, wie sich andere Frauen im Bett verhalten. Fortan hatte „der Vielgeliebte" zahlreiche Mätressen, die oft sein erster Kammerdiener Dominique Guillaume Lebel (1696–1768) für ihn aussuchte. Mädchen und junge Frauen, die in die engere Wahl kamen, lud man zu einem Souper nach Versailles ein, wo sie der König durch ein Loch in der Wand beobachten konnte. Wenn Louis XV. an einer Dame Gefallen fand, wurde sie vom Kammerdiener genauestens instruiert und untersucht, bevor man sie in die Gemächer der Herrschers führte.

Wie sein Vorgänger, der „Sonnenkönig" Louis XIV., zeugte auch Louis XV. zahlreiche uneheliche Kinder.

Offiziell bekannt sind mindestens acht illegitime Kinder. Wegen schlechter Erfahrungen mit den Nachkommen seines Urgroßvaters erkannte er – mit Ausnahme von Louis Aimé de Bourbon – seine unehelichen Kinder nicht an. Aber er sorgte für deren Erziehung und gesellschaftliche Stellung, traf sie aber nie bei Hof.

Das Online-Lexikon „Wikipedia" erwähnt folgende Mätressen von Louis XV., von denen die ersten vier Schwestern waren:

Louise-Julie de Mailly-Nesle (1710–1751)
Pauline Félicité de Mailly-Nesle, verheiratet mit Jean-Baptist, Graf von Vintimille
Diana Adélaïde de Mailly-Nesle, Herzogin Lauraguais (1713–1760)
Marie Antoinette de Mailly-Nesle, Marquise de La Tournelle, Herzogin von Châteauroux (1717–1744)
Jeanne-Antoinette Poisson, Dame Le Normant d'Étoilles, Marquise de Pompadour, Herzogin von Ménars (1721–1764)
Marie-Louise O'Murphy de Boisfally (1737–1815)
Françoise de Châlus (1734–1821), verheiratet mit Jean-François, Herzog von Narbonne-Lara
Marguerite-Catherine Haynault (1736–1823)
Lucie-Madeleine d'Estaing (1743–1822)
Anne Coupier de Romans, Baronesse de Meilly-Coulogne (1737–1808)
Louise Jeanne Tiercelin de la Colleterie (1746–1779)

Marquise de Pompadour (1721–1764).
Porträt des französischen Malers
Maurice Quentin de La Tour (1704–1788)
zwischen 1748 und 1755

Marie Jéanne, Gräfin von Dubarry (1743–1793),
offizielle Mätresse von König Louis XV. (1710–1774).
Porträt der französischen Malerin
Élisabeth Vigée-Lebrun (1755–1842) von 1783

Robert François Damiens (1715–1757)
verübte 1757 ein Attentat auf Louis XV.
und wurde grausam hingerichtet.
Porträt eines unbekannten Malers

Iréne du Buisson de Longpré, verheiratet mit Charles
François Filleul
Catherine Éléonore Bénard (1740–1769)
Marie Thérèse Françoise Boisselet (1731–1800)
Marie-Jeanne Bécu, Gräfin Dubarry (1743–1793)

Manche Angehörige der Familie des Königs lehnten
dessen leichtsinnigen Lebenswandel ab. Seine Ehefrau
Maria und sein Sohn Louis Ferdinand waren sehr religiös
und führten eine konservative Opposition an, die aber
nie eine ernsthafte Bedrohung oder Gefahr für Louis
XV. darstellte. Besonderen Anstoß nahm diese
Opposition an der Mätressenwirtschaft des Königs
sowie an dessen bürgerlicher und langjähriger Mätresse
Jeanne-Antoinette Poisson bzw. Madame de
Pompadour. Diese war von 1725 im Alter von 23 Jahren
bis zu ihrem Tod 1764 die Mätresse von Louis XV. und
hatte sogar noch Einfluss, als sie nicht mehr das Bett
mit ihm teilte.
Stanislaus Leszczynski, der Schwiegervater von Louis
XV., wurde 1733 in Polen zum Gegenkönig von August
III. (1696–1763) erhoben. Als Entschädigung für die
polnische Krone erhielt Stanislaus 1735 das Herzogtum
Lothringen.
Am 5. Januar 1757 wurde auf den 46-jährigen Louis
XV. in Versailles ein Attentat verübt. Als der König
gegen 18 Uhr seinen Wagen bestieg, stürzte sich der
Attentäter Robert François Damiens (1715–1757) auf

ihn, stach mit einem Messer auf ihn ein und fügte ihm eine leichte Wunde zu. Louis XV. rief, man solle den Attentäter verhaften, aber nicht töten. Der Attentäter unternahm keinen Fluchtversuch und wurde sofort überwältigt. Louis XV. erreichte aus eigener Kraft sein Zimmer. In der allgemeinen Aufregung hielt man den König wegen seiner starken Blutung für totgeweiht. Er stand vollkommen unter Schock, weil er sich bis dahin nicht vorstellen konnte, dass einer seiner Untertanen die Hand gegen ihn erheben könnte.

Der Attentäter Damiens war der ehemalige Hausdiener eines Richters. Am Tisch seines Herrn hatte er oft von Ungerechtigkeiten des König gehört, ohne den Kampf zwischen Parlament und Krone richtig zu verstehen. Damiens wollte berühmt werden wie Jesus und wie dieser unter Qualen sterben. Man kerkerte ihn nach dem Attentat im Pariser Untersuchungsgefängnis Conciergerie ein. Nach einem missglückten Selbstmordversuch blieb er ständig fest angeschnallt. Um herauszufinden, ob es Auftraggeber, Komplizen oder Mitwisser gab, folterte man Damiens. Die Folge dieser Torturen war, dass er hinterher seine Beine nicht mehr benutzen konnte. Das Gericht verurteilte Damiens wegen „Beleidigung der göttlichen und menschlichen Majestät des verwerflichen Königsmordes" dazu, kniend vor der Kathedrale Notre Dame, durch Abschwörung des Verbrechens und Erbeten des Pardons vor Gott, König und Justiz auf dem Place de Grève nach Verbrennung der Tathand und Folter von Pferden in Stücke gerissen und zu Asche verbrannt zu werden.

Bevor Damiens den Tod fand, verkohlte man ihm die Tathand mit brennendem Schwefel und folterte ihn mit glühenden Zangen. Zudem goss man flüssiges Wachs, Pech, Blei, Schwefel und kochendes Öl in seine tiefen Wunden. Man benötigte sechs Henker und sechs Pferde, um Damiens hinzurichten, was erst nach Durchtrennung der Arm- und Beinsehnen gelang. Angeblich soll er bei vollem Bewusstsein seinem ersten abgerissenen Bein bedauernd nachgeschaut haben. Seine markerschütternden Schreie sollen erst leiser geworden sein, als drei Glieder abgetrennt waren. Danach verbrannte man seinen Rumpf und die Körperteile zu Asche und zerstreute sie in alle Winde.

Nach dieser schrecklichen Hinrichtung hat man gemäß der Gesetzesvorschrift für Königsmörder das Haus von Robert François Damiens niedergerissen, den Platz eingeebnet und dort ein Bauverbot erlassen. Den Geschwistern von Damiens verbot man unter Androhung der Todesstrafe, ihre Namen zu ändern. Die direkten Verwandten wurden unter Androhung der Todesstrafe bei Rückkehr für immer aus Frankreich verwiesen. Es handelte sich um eine der grausamsten Hinrichtungen der Neuzeit, obwohl es sich um keinen Mord, sondern um einen Mordversuch handelte. Das französische Gesetz über Königsmord machte da keinen Unterschied.

Durch seine erfolglose Teilnahme am „Siebenjährigen Krieg" (1756–1763) gegen England und Preußen unter Friedrich II. der Große (1712–1786) verlor Louis XV. den größten Teil der französischen Kolonien in Nordamerika und Indien an die Engländer. Im „Ersten Frieden von Paris" musste Frankreich 1763 auf ganz Kanada und das historische Louisiana verzichten. Das während der Herrschaft von Louis XIV. erworbene und nach diesem benannte Louisiana war viel größer als der heutige US-Bundesstaat Louisiana. Es umfasste ein riesiges Gebiet, das im Norden durch Kanada und im Süden durch das damalige Neuspanien begrenzt wurde. In den Karnataka-Kriegen (1744–1763), bei denen Franzosen und Briten um die Vorherrschaft in Südindien kämpften, büßte Frankreich seinen großen Einfluss in Indien ein. Erhalten bleiben nur noch die Besitzungen Mahé, Karikal, Pondichéry, Yanaon und Chandernagor sowie Handelsprivilegien.

Louis XV. unterstützte später die amerikanischen Siedler beim Widerstand gegen England. Er lieferte Waffen und gab politische Unterstützung. Der Kampf der amerikanischen Siedler endete später mit der amerikanischen Unabhängigkeit und 1783 zum für Frankreich erfolgreichen „Zweiten Frieden von Paris", der das englische Kolonialreich ähnlich schwächte wie zwei Jahrzehnte zuvor die französische Kolonialpolitik. Für Frankreich gewann Louis XV. das Herzogtum Lothringen und Korsika hinzu.

Während der Regierungszeit von Louis XV. wurde der jahrhundertealte Zwist zwischen Frankreich und Österreich beigelegt. Man besiegelte am 16. Mai 1770 die neue Allianz durch die Heirat seines Enkels, des Herzogs von Berry und späteren Königs Louis XVI. (1754–1793), mit Marie-Antoinette (1755–1793), der Tochter des Kaiserehepaares Maria Theresia (1717–1780) und Franz I. Stephan (1708–1765).

Fast während der ganzen Regierungszeit musste Louis XV. gegen den Widerstand der Parlamente (Gerichtshöfe) kämpfen, die sich gegen jede Staatsreform wehrten. Ab 1770 steuerte er einen eisernen Kurs gegen die Opposition und verbot die Parlamente. Die obersten Richter und führende Abgeordnete schickte man in die Verbannung oder warf sie zeitweise ins Gefängnis. Damit sorgte Louis XV. bis zu seinem Tod für Ruhe vor dieser Opposition. Auch eine Adelsopposition, die vom Herzog von Orléans angeführt sowie von den Fürsten von Condé und Conti unterstützt wurde, hielt er in Schach. Sein Nachfolger Louis XVI. bekam mit der Adelsopposition und mit den Parlamenten die allergrößten Probleme.

Mit seinen erwachsenen Kindern hatte Louis XV. nicht nur Freude. Seine Tochter Marie Adélaïde beispielsweise besaß einen realitätsfremden politischen Ehrgeiz und verfolgte reaktionäre Ziele. Die Tochter Victoire litt an Panikattacken, weil sie in Fontevrault wiederholt zur Bestrafung in eine Gruft eingesperrt wurde. Die simple

Franz I. Stephan (1708–1765),
Kaiser des Heiligen Römischen Reiches.
Porträt des niederländischstämmig-schwedischen Malers
Martin van Meytens (1695–1770)

Marie Antoinette (1755–1793) am Spinett.
Porträt des tschechisch-österreichischen Malers
Franz Xaver Wagenschön (1726–1790)
um 1769

Tochter Sophie konnte ihn nicht unterhalten. Und der Sohn Louis Ferdinand wollte ihn missionarisch zu einem keuschen Leben bekehren.

Im Alter von 64 Jahren erkrankte Louis XV. am 29. April 1774 an Pocken (Blattern). Dieser Krankheit erlag er kurz danach am 10. Mai 1774. Der Abbé Joseph-Alphonse de Véri (1724–1799) urteilte wohlwollend über ihn: „Niemals war Frankreich (vorher) so wohlhabend und so reich an Manufakturen, so ausgezeichnet durch eine Menge von Gelehrten, so gut bestückt mit angebauten Feldern und so vielen Einwohnern als unter der Regierung Louiss XV."

Weil seine Söhne Philippe Louis und Louis Ferdinand bereits vor Louis XV. gestorben waren, folgte ihm 1774 sein Enkel Louis XVI. auf den Thron. Dieser starb am 21. Januar 1793 in Paris unter dem Fallbeil der Guillotine. Dessen Gemahlin Marie Antoinette erlitt am 16. Oktober 1793 das selbe traurige Schicksal.

Schloss Versailles:
Dort erlebte Louis XV.,
König von Frankreich und Navarra,
mit seinen Mätressen
viele schöne Stunden.

Literatur

CRAVIERI, Benedetta: Königinnen und Mätressen, Mailand 2005

GONCOURT, Edmond de / GONCOURTL, Jules de: Madame Pompadour, München 2000

JUREWITZ-FREISCHMIDT, Sylvia: Galantes Versailles. Die Mätressen am Hof der Bourbonen. Gernsbach 2004

KARASEK, Horst: Die Vierteilung. Wie dem Königsmörder Damiens 1757 in Paris der Prozeß gemacht wurde, Berlin 1994

KUSTER, Thomas: Jeanne Antoinette Poisson. Marquise de Pompadour: Aus: Der Aufstieg und Fall der Mätresse im Europa des 18. Jahrhunderts. Eine Darstellung anhand ausgewählter Persönlichkeiten. Phil. Dipl., Innsbruck 2001

MATHY, Helmut: Die Halsbandaffäre. Kardinal Rohan und der Mainzer Kurfürst. Aurea Moguntia, Band 3, Mainz 1989

MITFORD, Nancy: Madame de Pompadour, München 1991

PROBST, Ernst: Superfrauen 1 – Geschichte, Mainz-Kostheim 2001

SCHULTZ, Uwe: Madame de Pompadour, München 2004

THE PEERAGE.COM A genealogical survey of the peerage of Britain as well as the royal families of Europe http://www.thepeerage.com

WIKIPEDIA (Online-Lexikon) http://wikipedia.org

WUNDERLICH, Dieter: Madame Pompadour. Eine Mätresse greift in die Politik ein. Aus: EigenSinnige Frauen. Zehn Porträts, München 2006

Bildquellen

Reproduktion eines Porträts des französischen Malers Pierre Mignard (1612–1695): 10

Reproduktion eines Porträts des französischen Malers Anne Baptiste Nivelon (aktiv zwischen 1750 und 1764): 46

Reproduktion eines Porträts des französischen Malers Jean-Baptiste Santerre (1650–1717): 6

Reproduktion eines Porträts aus dem Studio des französischen Malers Jean-Baptiste Santerre (1658–1717): 14

Reproduktion eines Porträts des französischen Malers Louis de Silvestre (1675–1760): 36

Reproduktion eines Porträts des tschechisch-österreichischen Malers Franz Xaver Wagenschön (1726–1790): 61

Reproduktion eines Stiches der französischen Graveure Pierre Drevet (1664–1738) und Pierre-Imbert Drevet (1697–1739): 26

Reproduktionen von Porträts des französischen Malers Alexis Simone Belle (1674–1734): 34, 42

Reproduktionen von Porträts des französischen Malers Jean-Marc Nattier (1685–1766): 44, 47

Reproduktionen von Porträts des französischen Malers Hyacinthe Rigaud (1659–1743): 20, 22

Reproduktionen von Porträts der französischen Malerin Élisabeth Vigée-Lebrun (1755–1842): 21, 53

Reproduktionen von Porträts des französischen Malers Joseph Vivien (1657–1734): 4, 9

Autor Ernst Probst

Der Autor

Ernst Probst, geboren am 20. Januar 1946 in Neunburg vorm Wald im bayerischen Regierungsbezirk Oberpfalz, ist Journalist und Wissenschaftsautor. Er arbeitete von 1968 bis 1971 als Redakteur bei den „Nürnberger Nachrichten", von 1971 bis 1973 in der Zentralredaktion des „Ring Nordbayerischer Tageszeitungen" in Bayreuth und von 1973 bis 2001 bei der „Allgemeinen Zeitung", Mainz. In seiner Freizeit schrieb er Artikel für die „Frankfurter Allgemeine Zeitung", „Süddeutsche Zeitung", „Die Welt", „Frankfurter Rundschau", „Neue Zürcher Zeitung", „Tages-Anzeiger", Zürich, „Salzburger Nachrichten", „Die Zeit", „Rheinischer Merkur", „Deutsches Allgemeines Sonntagsblatt", „bild der wissenschaft", „kosmos", „Deutsche Presse-Agentur" (dpa), „Associated Press" (AP) und den „Deutschen Forschungsdienst" (df). Aus seiner Feder stammen die Bücher „Deutschland in der Urzeit" (1986), „Deutschland in der Steinzeit" (1991), „Rekorde der Urzeit" (1992), „Dinosaurier in Deutschland" (1993 zusammen mit Raymund Windolf) und „Deutschland in der Bronzezeit" (1996). Von 2001 bis 2006 betätigte sich Ernst Probst als Buchverleger sowie zeitweise als internationaler Fossilienhändler und Antiquitätenhändler. Insgesamt veröffentlichte er mehr als 300 Bücher, Taschenbücher, Broschüren und E-Books.

Bücher von Ernst Probst

Superfrauen 1 – Geschichte
Superfrauen 2 – Religion
Superfrauen 3 – Politik
Superfrauen 4 – Wirtschaft und Verkehr
Superfrauen 5 – Wissenschaft
Superfrauen 6 – Medizin
Superfrauen 7 – Film und Theater
Superfrauen 8 – Literatur
Superfrauen 9 – Malerei und Fotografie
Superfrauen 10 – Musik und Tanz
Superfrauen 11 – Feminismus und Familie
Superfrauen 12 – Sport
Superfrauen 13 – Mode und Kosmetik
Superfrauen 14 – Medien und Astrologie
Malende Superfrauen

Königinnen der Lüfte von A bis Z
Königinnen der Lüfte in Deutschland
Königinnen der Lüfte in Frankreich
Königinnen der Lüfte in England, Australien
und Neuseeland
Königinnen der Lüfte in Europa
Königinnen der Lüfte in Amerika
Königinnen des Films 1
Königinnen des Films 2

Königinnen des Films in Italien
Königinnen des Tanzes
Königinnen des Theaters

Malinche. Die Gefährtin des spanischen Eroberers
Pocahontas. Die Indianer-Prinzessin aus Virginia
Cockacoeske. Die „Königin der Pamunkey"
Kateri Tekakwitha. Die erste selige Indianerin
in Nordamerika
Sacajawea. Die indianische Volksheldin
Mohongo. Die Indianerin, die in Europa tanzte
Lozen. Die tapfere Kriegerin der Apachen
Sieben berühmte Indianerinnen
Superfrauen aus dem Wilden Westen

Madame Pompadour. Die erste bürgerliche Mätresse
von Louis XV.
Madame Dubarry. Von der Dirne zur Mätresse
des Königs
Elisabeth I. Tudor. Die jungfräuliche Königin
Maria Stuart. Schottlands tragische Königin
Zenobia von Palmyra. Eine Frau kämpft gegen
die Römer

Christl-Marie Schultes. Die erste Fliegerin in Bayern
(zusammen mit Theo Lederer)
Sturzflüge für Deutschland. Kurzbiografie
der Testfliegerin Melitta Schenk Gräfin von Stauffenberg
(zusammen mit Heiko Peter Melle)

Tony und Bruno Werntgen. Zwei Leben
für die Luftfahrt (zusammen mit Paul Wirtz)
Drei Königinnen der Lüfte in Bayern.
Thea Knorr – Christl-Marie Schultes – Lisl Schwab
(zusammen mit Josef Eimannsberger)
Liesel Bach. Deutschlands erfolgreichste Kunstfliegerin
Melli Beese. Die erste Deutsche mit Pilotenlizenz
Elly Beinhorn. Deutschlands Meisterfliegerin
Marga von Etzdorf. Die tragische deutsche Fliegerin
Thea Knorr. Eine frühe Fliegerin in München
Angelika Machinek. Eine Segelfliegerin der Weltklasse
Thea Rasche. The Flying Fräulein
Hanna Reitsch. Die Pilotin der Weltklasse
Lisl Schwab. Eine Kunstfliegerin
aus den 1930-er Jahren
Melitta Gräfin Schenk von Stauffenberg.
Deutsche Heldin mit Gewissensbissen
Beate Uhse. Deutschlands erste Stuntpilotin

Rekorde der Urzeit. Landschaften, Pflanzen
und Tiere
Rekorde der Urmenschen. Erfindungen, Kunst
und Religion
Archaeopteryx. Der Urvogel aus Bayern
Gastornis. Der verkannte Terrorvogel

Dinosaurier von A bis K
Dinosaurier von L bis Z

Dinosaurier in Deutschland
Dinosaurier in Baden-Württemberg
Dinosaurier in Bayern
Dinosaurier in Niedersachsen
Raub-Dinosaurier von A bis Z

Der Ur-Rhein. Rheinhessen
vor zehn Millionen Jahren
Als Mainz noch nicht am Rhein lag
Der Rhein-Elefant. Das Schreckenstier
von Eppelsheim
Krallentiere am Ur-Rhein
Menschenaffen am Ur-Rhein
Säbelzahntiger am Ur-Rhein

Säbelzahnkatzen. Von Machairodus bis zu Smilodon
Die Säbelzahnkatze Machairodus
Die Säbelzahnkatze Homotherium
Die Dolchzahnkatze Megantereon
Die Dolchzahnkatze Smilodon

Deutschland im Eiszeitalter
Höhlenlöwen. Raubkatzen im Eiszeitalter
Der Höhlenlöwe
Der Europäische Jaguar
Eiszeitliche Geparde in Deutschland
Eiszeitliche Leoparden in Deutschland
Eiszeitliche Raubkatzen in Deutschland

Bestellungen bei www.grin.com